W0310364

LA VIDA ES SUERO

SATURNINA GALLARDO

LA VIDA ES SUERO

Historias de una enfermera saturada

Prólogo de
Purificación García
@SenoritaPuri

PLAZA & JANES

El papel utilizado para la impresión de este libro ha sido fabricado a partir de madera procedente de bosques y plantaciones gestionadas con los más altos estándares ambientales, lo que garantiza una explotación de los recursos sostenible con el medio ambiente y beneficiosa para las personas.

Por este motivo, Greenpeace acredita que este libro cumple los requisitos ambientales y sociales necesarios para ser considerado un libro «amigo de los bosques». El proyecto Libros Amigos de los Bosques promueve la conservación y el uso sostenible de los bosques, en especial de los bosques primarios, los últimos bosques vírgenes del planeta.

Papel certificado por el Forest Stewardship Council®

FSC www.fsc.org
MIXTO
Papel procedente de fuentes responsables
FSC® C117695

Quinta edición: diciembre, 2014

© 2013, Enfermera Saturada
© 2014, Penguin Random House Grupo Editorial, S. A. U.
Travessera de Gràcia, 47-49. 08021 Barcelona
© 2013, Purificación García, por el prólogo
© Cristina Moreno (Instagram: @criztinita), por los diseños interiores

Quedan prohibidos, dentro de los límites establecidos en la ley y bajo los apercibimientos legalmente previstos, la reproducción total o parcial de esta obra por cualquier medio o procedimiento, ya sea electrónico o mecánico, el tratamiento informático, el alquiler o cualquier otra forma de cesión de la obra sin la autorización previa y por escrito de los titulares del *copyright*. Diríjase a CEDRO (Centro Español de Derechos Reprográficos, http://www.cedro.org) si necesita fotocopiar o escanear algún fragmento de esta obra.

Printed in Spain – Impreso en España

ISBN: 978-84-01-34728-3
Depósito legal: B-17.352-2014

Compuesto en La Nueva Edimac, S. L.

Impreso en Cayfosa
Santa Perpètua de Mogoda (Barcelona)

L 3 4 7 2 8 3

A ti, por asomarme a twitter,
por tu apoyo incondicional, tu amor infinito
y por ser fuente de inspiración cada día.
A mi familia, por lo que soy.
A Señorita Puri, por ayudarme a sacar
este proyecto adelante.
Y sobre todo a mis seguidores en las redes sociales,
por vuestro cariño y fidelidad.
Nada sería lo mismo sin todos vosotros

Índice

Fórmula magistral

(Prólogo homeopático de Señorita Puri)

Dice el título de este libro que la vida es suero, y tiene razón. Toda nuestra vida ha girado en torno a la medicina: de pequeños cantábamos con Mary Poppins que la píldora que nos daban con un poco de azúcar sabía mejor, crecimos y nos desarrollamos jugando a los médicos (aunque a algunas, ay, lo único que nos tocaron fueron listas de espera), y descubrimos, ya adolescentes, que las píldoras que mejor sabían eran las verdes, rojas y amarillas.

El resto de nuestra vida fue una sucesión de momentos multicolor teñidos de brochazos en blanco y negro, que fuimos remediando con curas urgentes de ensoñación, a base de milagrosas fórmulas televisivas donde la medicina, las enfermedades y el dolor nos eran proyectados en forma de modernos hospitales llenos de fornidos camilleros, apuestos y sabios doctores y sensuales enfermeras. Por desgracia, acudíamos a un hospital y la carta de ajuste de la realidad contraprogramaba aquella vaporosa ilusión.

Hasta hoy.

Saturnina Gallardo, enfermera (y saturada), nos ha abierto en este libro una puerta a la trastienda de la vida en los hospitales, revelándonos un mundo delirante de anécdotas, cotilleos y reflexiones personales que provocan en nuestro ánimo el efecto de una contundente terapia de choque. A mí, sin ir más lejos, me ha cambiado la vida. Escribo este prólogo vestida con una bata de hospital, y me paseo por la vida con el culo al aire mientras digo «treinta y tres» y saco la lengua compulsivamente. Y me río. Me río sin parar. Porque no hay mejor receta que la risa, y eso lo sabe la Saturada, que se dedica a esto y da buena cuenta de ello línea a línea, palabra tras palabra. Y con buena letra, incluso.

No esperéis una segunda opinión, hay diagnósticos que no merecen ser consultados con un farmacéutico. Pasad la página urgentemente y notaréis una mejoría inmediata. La vida, os lo aseguro, os sabrá mejor.

¿Quién es Enfermera Saturada?

Mi nombre es Saturnina Gallardo y soy enfermera, aunque mi familia y las compañeras del hospital me llaman Satu, la enfermera Satu, así que ahora ya sabéis de dónde viene lo de Enfermera Saturada.

Nací en La Coruña una mañana de invierno, muy temprano, concretamente durante el cambio de turno, por lo que nadie atendió el timbre a tiempo y vine al mundo de casualidad. Lo del nombre se lo debo a mi abuelo, el gracioso de la familia, que como tardaba en nacer siempre decía: «Esta niña parece que viene de Saturno, lo que tarda en llegar». Y me quedó.

Mi infancia fue como la de cualquier otra niña

de los ochenta, entre Juegos Reunidos, Barrio Sésamo, los chinitos de la suerte, Xuxa, los veranos a Benidorm (cinco en un Ford Fiesta sin cinturón de seguridad), Torrebruno y Leticia Sabater... Lo que no te mata te hace más fuerte, está claro, y yo debo de estar a un par de «hits» suyos de ser Sansón.

Los años posteriores no fueron demasiado apasionantes: estudié, saqué buenas notas y fui a la universidad. Me decían que si hacía todo eso, el día de mañana sería una mujer de provecho: tendría trabajo estable, una casa y una familia con la que ir de vacaciones a Benidorm. Me engañaron. Hice todo tal cual me dijeron, y hoy, a mis treinta años, lo único que tengo es un largo historial de ex novios y un Seat Ibiza. Vivo en un entresuelo alquilado y trabajo de jornalera en un hospital: el día que hay suerte y me llaman, trabajo y cobro; cuando no me llaman, no cobro.

He trabajado en geriátricos, mutuas, centros de salud y hospitales de casi toda España, siempre detrás de mis ex. Durante una época muy loca trabajé incluso como enfermera en un crucero (nunca os enamoréis de un marinero).

Pero eso se ha acabado. Estoy dispuesta a empezar de cero en esta nueva ciudad, sin amigas, sin pareja, sin mascota, sin ataduras y sin dinero. Pero con las mismas ganas y la misma ilusión que el día que acabé enfermería y canté a grito pelado «Soy enfermera» con la música de «Soy minero» junto a mis compañeras de promoción.

Enfermeras así somos

Las enfermeras y nuestro particular mundo

La enfermera que no lleva algo de Tous no es de fiar

Las enfermeras somos especiales, hay que reconocerlo. Y digo «especiales» por no decir «raras». Sí, chicos, vosotros los enfermeros también.

Tenemos una de las profesiones más bellas del mundo, la cual nos permite ser espectadoras privilegiadas de la vida humana. Pero pasar todo el día entre gente enferma, descifrando escrituras de médicos que pautan tratamientos escribiendo captchas aleatoriamente, trabajando a turnos y en fin de semana, cambiándonos de ropa más veces al día que una vedette y hablando de úlceras necróticas mientras desayunamos tenía que pasar factura.

Llevamos tantos años en este mundo paranormal que ya no nos afecta sólo en el trabajo, empieza cuando subes al metro para ir a trabajar. Cada uno a su aire: unos leen, otros duermen, otros roban... ¿Qué hace una enfermera? Pues fijarse en los brazos de la gente para ver el calibre de las venas: «Hummm... vaya vena, ahí entraba yo con un 18G sin problema. Y mira aquel otro, qué pálido, le pinchas un hemograma y queda a deber. Y esa otra, a ésa no hay quien le encuentre nada... ¡y encima seguro que son de las que bailan!».

Claro que a mí también me entretiene mucho ir a las farmacias para ver qué compra la gente, y me voy imaginando de qué pueden estar enfermos. Si me aburro en casa o hace mala tarde, bajo a la farmacia, me siento junto al aparato ese que mira la tensión por un euro y hecho un rato: «Ésa, ésa viene a por un test de embarazo, que tiene cara de agobio, pero van a ser gases. Y a ese otro le han recetado Adolonta, que total no cura pero atonta».

Y es que una ya no desconecta ni en vacaciones, porque vas de viaje a París o a Salou y como veas cerca un hospital, ¡estás perdida! Ya no puedes dejar de pensar en cómo será y cómo se trabajará ahí. Y claro, al final terminas entrando para echarle un vistazo por dentro mientras piensas que estás loca. Luego, bajas a la playa y coges buen sitio. En primera línea. Bien apretada entre los jubilados, los niños que construyen iglesias de arena (iglesias, sí, por si luego les quieren cobrar el IBI) y las señoras que ponen los brazos en jarra en la orilla.

Bajar a la playa es como ir a la farmacia, pero gratis. La gente va paseando por la orilla y tú ahí, sin perder detalle, examinando cicatrices: «Hala, mira ése, vaya corte, una apendicitis operada por un médico residente. Y aquél, vaya queloide más feo por una vesícula. Y esta otra, con media cabeza rapada como Rihanna. Pobrecilla, la habrán operado de un tumor cerebral... ¡Ah, no!, que ahora es moda».

Pero si hay una cosa que no logro comprender, es por qué para mis amigas yo siempre tengo que tener la respuesta a cualquier pregunta sanitaria. Como soy enfermera, tengo que saber de niños, de la vesícula, si te puedes morir por mezclar antibióticos con alcohol, si el aire en el suero mata o lo que te mata es el suero al aire, el período de incubación de la mononucleosis, las vacunas que tiene que ponerse la amiga de su hermana para ir a Etiopía y que a su novio le duele el estómago y quiere que le diga algo para tomar, si la vacuna de la gripe es de fiar y a ver cuándo tengo un día libre para poner los pendientes a la hija de una vecina y un piercing en el ombligo a la madre, que a su vez está dando pecho y quiere saber si puede tomar ibuprofeno y qué precio tiene la caja de veinte. ¡¡Soy enfermera, no Google!!

Con la familia es diferente. Toda la confianza que depositan mis amigas en mí es inversamente proporcional a la que tiene mi familia. Cualquier cajera de supermercado, quiosquera o frutera sabe más de enfermería que una servidora:

—Satu, hija, ¡qué mal estoy de la ciática! El médico me ha recetado estas inyecciones.

—No te preocupes, mamá, te las pongo yo.

—Pero ¿tú sabes?

—¡¡Mamá!!

De uniformes y taquillas

Llamar «pijama» a la ropa de trabajo no es serio

En la vida de toda enfermera hay un antes y un después, y eso lo marca la indumentaria: el día que te pones el uniforme sanitario. Luego te das cuenta de que es el mismo traje de casaca y pantalón que llevan peluqueras, veterinarios, panaderos y hasta en algunas ópticas, pero a ti te hace ilusión.

Estás estudiando enfermería y te mandan comprar el uniforme, y entonces te sientes parte de algo importante. Te lo pones por casa, te miras en el espejo, te haces una foto y la subes a Facebook. Estás encantada, eres feliz y ya tienes 27 «Me gusta». Te encanta porque aún no has trabajado con él y crees que es cómodo y bonito.

Con el uniforme pasamos horas y horas a lo largo de nuestra vida, pero hay algo fundamental que desconocemos de ellos: ¿quiénes son las modelos de las que sacan los patrones para cortarlos? ¡No existe gente así! ¡No en este mundo! Con los pijamas pasa lo mismo que con los apósitos: no existe el del tamaño adecuado. Si existieran esas modelos, unas serían enanitas y gordas (modelo llaverito), otras muy altas y delgadas... Bueno, igual algunas sí existen. Porque viendo lo que se ve en los vestuarios... ¡qué bien disimulan ciertas cosas los pijamas! Ahora entiendo por qué las estadísticas dicen que donde más sexo se practica es en la cama.

Pero si de algo podemos presumir las enfermeras es de trabajar en pijama, como Lorenzo Lamas, el rey de las camas. Aunque creo que él se metía en cama sin pijama... Como Espinete pero al revés. Una cosa muy loca todo.

Llegas al hospital y tienes que ponerte el uniforme. Hace una hora que te has quitado el pijama y hace cuarenta minutos que te has puesto ropa de calle, y ahora debes volver a desnudarte. Si eres sustituta, te habrán dado un uniforme de segunda mano, entonces piensas: o la anterior se ha jubilado o lo ha tirado por viejo... Es la segunda opción, has acertado. Si ella no se lo podía poner porque se transparenta hasta la etiqueta de la braga, ¿qué le hace pensar a nadie que puede valerme a mí? Pero te lo pones.

Si llevas un tiempo prudencial de tres años trabajando en ese hospital o eres de un sindicato, te habrán dado taquilla. ¡Cuando te la asignan es la ilusión de tu vida!

—Mamá, ¡que me la han dado! ¡Me la han dado a mí!

—¿La plaza fija?

—Casi, ¡¡la taquilla!!

Si eres sustituta, conocerás todos los rincones con pestillo del hospital en los que poder cambiarte de ropa. Clark Kent lo hacía en una cabina, tú donde puedas.

Pero tanto si eres de las unas como de las otras, todas desarrollamos con el tiempo un arte milenario reservado exclusivamente al personal sanitario y a la familia Bordini: el funambulismo. Cualquier enfermera de este país es capaz de quitarse las botas, el jersey, los calcetines y los pantalones, recogerlo todo y volver a colocarse calcetines blancos, casaca y pantalón... ¡apoyada únicamente sobre un pie! Sin red y haciendo equilibrios con un brazo. En una ocasión, la enfermera de la última taquilla perdió el equilibrio y, en un movimiento fatal, cayó sobre la compañera de al lado, y ésta cayó sobre otra desencadenando un efecto dominó que continuó en varios hospitales de la provincia. Yo lo tengo claro: el día que cierren este hospital, echo el currículo en el Circo del Sol.

¡¡Enfermera, hay aire en el suero!!

Pequeñas burbujas que hacen que te sientas hinchada

Yendo para casa me he encontrado en el metro con dos señoras que hablaban de sanidad, y, claro, una pone la oreja.

Hablaban de una tercera mujer que estaba ingresada y que no tenía a nadie allí de la familia para vigilarle el suero... ¡¡Para vigilar el suero!! Lo importante no es el drenaje o que la mujer en cuestión tenga dolor, ni siquiera controlar que no se maree mientras va al baño o que pueda entrar alguien a robar en la habitación... Lo importante es vigilar el suero, ¡¡el suero es muy peligroso!!

Por todos es sabido que hay sueros que, mientras están goteando, se cansan y dejan de gotear; también hay sueros que, de pronto y aprovechando que nadie los vigila, aceleran ellos solos el ritmo... Pero los sueros más malvados de todos, los ultravillanos por excelencia, son «los que fabrican aire», y esas señoras del metro eran de las que «saben» que el aire en el suero mata. Que ya puede una tener ingresado en el hospital a su tío de noventa y seis años con neumonía, que lo que va a rematarlo es esa burbujita de aire de la bolsa de paracetamol, y no el *Streptococcus pneumoniae.*

Yo creo que todo esto viene de algún programa de *Saber vivir* en el que hablaron del suero. *Saber vivir...* ese programa que veían todos los abuelos de España para hacerse inmortales (la duquesa de Alba y alguna más lo consiguieron). Ese programa era como un Madrid-Barça: mientras lo emitían, no había nadie en el centro de salud.

Y así, turno tras turno, noche tras noche, no paro de atender timbres de gente que llama porque ha encontrado una burbujita de aire en el sistema de suero, una burbujita que está ahí quieta, pegada en un lateral de la gomita, acojonada porque una enfermera y tres familiares la están observando. Y tú piensas: «Si no purgo esto, me van a volver a timbrar, pero, si lo hago, tiro a la basura medio antibiótico...». Así que decides zanjar la cuestión con un: «Que no, señora, que esa burbujita de aire no le va a provocar una embolia mortal, lo que la va a matar es la angustia».

Pedir yogures a farmacia

Hay dos clases de personas: las que tiran el agua del yogur y las que no

Hace meses lo comenté en twitter: Danone es el nuevo Bayer. Es así. Lo vemos cada día en la tele, y Vicente del Bosque lo corrobora. Alguien tenía que decirlo.

Ya no les basta con mentir a los niños diciéndoles que a nosotras nos daban dos (mentira, a mí me daban uno, y otro a mi hermano si no había roto nada). Pues nada, que como eso no era suficiente, van y se lanzan a los «yogures terapéuticos», que ya no sé si mi abuela compra las pastillas en Mercadona o en la farmacia. Empecemos:

Danacol: el yogur estrella, el de Vicente del Bosque. Comenzaron con un anuncio en el que a un hombre le daba un infarto mientras jugaba al ping-pong por no tomarlo... ¡Un infarto! ¡Con el ping-pong! Y así, asustando a la gente, consiguieron hacerse un hueco en las neveras de media España. Eso sí, si sigues un tratamiento para el colesterol no puedes beberlo, de lo que se deduce que si te preparas un vaso de leche y diluyes en él una Simvastatina de 20 mg te apañas un Danacol en un momentito.

Densia: las densitometrías son cosa del pasado. Abuelas inmortales comiendo un Densia al salir de gimnasia. ¡Así no hay quien ponga prótesis de cadera!

Danonino con melissa: ¡¡quieren drogar a los niños!! Pongo al niño a dormir... y me voy de gintonics con los McCann.

Danaten: ¡el yogur definitivo para controlar la tensión arterial! Éste lo retiraron del mercado no hace demasiado tiempo. O no se vendía, o los del Amlodipino los denunciaron porque el método era el mismo que el del Danacol: vasito de leche y comprimido diluido.

Activia: José Coronado ya no va bien al baño. Quiso dejar el papel. Se estaba encasillando y a este paso se veía anunciando sanitarios Roca, así que le dejó el puesto a Carmen Machi, que, como todas sabemos, ahora es la mujer que mejor va al baño de toda España. Porque sentirse hinchada no es lo normal.

Actimel: ¡acabemos con las vacunas infantiles! Aquí se les fue de las manos. ¡El chino que cuenta los chorrocientosmil millones de Lcasei de cada frasco no puede más! En el anuncio aparecen niños transparentes que sólo se vuelven de colores cuando toman el yogur, o bien unos niños que quieren ir a jugar a la nieve pero no pueden salir sin tomar antes el Actimel. Que pienso yo que en *The Walking Dead* lo habrían solucionado todo dando Actimel a los zombis... Rick aún no lo sabe. Pero lo peor del anuncio es la niña repelente con la dichosa frasecita: «¿Y tus defensas? ¿Han desayunado?». Mira, niña, cuando yo tenía tu edad me comía unas galletas Cuétara con un vaso de leche con Cola-Cao y tiraba para el colegio... ¡y no se moría nadie!

Con tanto lío, estoy por pedirle a mi madre la yogurtera aquella de los años ochenta y elaborármelos yo, porque paso de ir al supermercado con el vademécum en el bolso.

Os dejo. Me voy a comer un Yolado antes de que aparezca Mr. Krujidor con las Danet y me destroce la casa, que ya podía venir Hugo Silva con el yogurazo griego (¿o el yogurazo era él?).

El control de enfermería

La esquina con más descontrol

El control de enfermería es la zona de la planta reservada para nosotras. Nuestro pequeño reino, únicamente compartido con las auxiliares de la unidad. Pero debemos admitir que este nuestro reino es el sitio más caótico de toda la planta: informes de pacientes que fueron dados de alta hace semanas y que los de archivo no vienen a buscar, botellas de agua rotuladas con nombres de enfermeras a las que nunca nadie conoció, un vademécum del año 2003, unas flores que dejó olvidadas un enfermo que fue dado de alta y que ponemos ahí para que parezca que nos las regalaron, los turnos del personal pinchados en el corcho con una aguja a modo de chincheta, la lista de la gente que pone dinero para las flores de Susi porque la operaron y está ingresada en la planta de al lado... y el cajón de los bolsos, ese al que los de mantenimiento le han puesto la peor cerradura del hospital.

La única zona organizada del control es el apartado donde se toma el café. Bueno, el café y los bombones, porque en los hospitales existe una fuerza extraña que hace que los pacientes agradecidos sólo regalen bombones. Los de la caja roja. Hay más bombones Nestlé en los controles de enfermería que en la fábrica.

El control es la zona preferida por los médicos, sí, esos que llegan, te ponen la planta patas arriba en diez minutos y se van, dejando a su paso el caos más absoluto: analíticas para cursar sin etiquetas del paciente, peticiones de pruebas sin firmar, familiares sin informar y cambios en el tratamiento imposibles de descifrar sin una tabla de ouija.

Pero no sólo los médicos asaltan nuestro feudo, también los familiares que por alguna extraña razón no llaman al timbre. Si hay algo peor que los médicos que no ponen las etiquetas del paciente en las peticiones, son los familiares que se acercan al control y golpean el mostrador como si fuese la barra de un bar:

—¿Le puedo dar agua a mi padre?

—¿Y quién es su padre?

—Manolo.

—Hay tres pacientes ingresados con ese nombre. Si hubiese llamado al timbre, sabría de qué habitación se trata.

—Mujer, era por no molestar.

Otro de esos pequeños misterios de los controles de enfermería son los bolígrafos. Cada día desaparecen varios que jamás regresan; es como un agujero negro de bolígrafos. Hay que tener en cuenta que cada médico que pasa por allí deja olvidado uno, a éstos debes sumar los que dejas sobre la mesa un momento y desaparecen, y también que cada vez que te doblas, en vez de agacharte, se produce un vaciado inmediato de todo el contenido del bolsillo del pijama, y los bolígrafos empiezan a rodar escapando de su destino cruel y nunca, nunca los recuperas todos, ¡siempre hay uno que logra huir! Sumándolos todos, a mí me da una media de diez desapariciones al día. Hay controles de enfermería con carteles de SE BUSCA, como los del Oeste, y un dibujo del boli en cuestión, pero nada. Me han contado que Iker Jiménez emitió un especial de *Cuarto milenio* desde el control de enfermería de un hospital de Móstoles, pero lo único que encontraron fue una tapa de Bic rota, que ya os digo yo que no era de una enfermera, porque los bolis de tapa no triunfan en los hospitales.

Lo que sí triunfa y nunca falta en una esquina del control es la maquinita de hacer electrocardiogramas. Pero, mirad, el tema de los electros mejor lo dejamos, y es que hace unas semanas me invitaron a una boda y los novios me comentaron que querían un electrodoméstico. Total, que fui a su casa con la maquinita dispuesta a hacerles un electro a domicilio. Y no era eso...

Fauna hospitalaria (y sus clientes habituales)

Los pacientes siempre mienten.

Doctor House

Si de algo está lleno el hospital es de pacientes. Y es que, nos guste o no, las enfermeras vivimos en gran parte de las desgracias ajenas.

Una empieza a acostumbrarse cuando es sustituta.

—Te llamo de la bolsa de empleo. Tengo una baja en reanimación y otra en planta.

—¿Qué baja es más larga? ¿Quién de las dos está más enferma?

Ahí empieza la fase «No te deseo ningún mal, pero ojalá estés mucho tiempo de baja», o lo que es lo mismo: vivir del mal ajeno.

En todos estos años trabajando aquí y allá en varios hospitales españoles, he podido apreciar los diferentes tipos de enfermos que pueblan nuestra red sanitaria española, cada día menos pública.

Un clásico que no falla en ningún servicio de Urgencias es *el borracho* o *el yonqui*, o el yonqui borracho, durmiendo en una camilla. Nadie sabe qué hace ahí ni cuántas horas lleva, pero siempre está. Yo creo que entre ellos se la van relevando, para no llegar a perder nunca la zona preferente en pasillo, entre el control y la zona de rayos. A veces te das cuenta de que está ahí cuando empieza a gritar desde la camilla para que le lleven comida, porque, eso sí, en cuanto el reloj marca la una se despierta para comer.

En urgencias no nos podemos olvidar tampoco de la *familia gitana*. Generalmente ya se les oye venir a lo lejos, y para que consulten a uno de ellos aparecen dieciséis acompañándolo (a los que se les unen los gitanos con bastón que aparcan coches junto al hospital). En una ocasión, cuando estaba de prácticas, conocí a una enfermera que aseguraba haber visto llegar a un gitano solo a urgencias. Ahí lo dejo. Todo un caso para Iker Jiménez.

Otro de los clásicos hospitalarios, para su desgracia, es el que yo denomino *la rata de hospital*: paciente de mediana edad con patologías varias, todas ellas crónicas, que ha hecho del hospital su segunda casa. Tiene un historial de esos de tres tomos que sólo lee el médico residente, y ha pasado más horas en planta que el carrito de la medicación. Conoce al personal del hospital mejor que la supervisora, y sabe ver el miedo en tus ojos si eres novata. Es el único paciente que sabe que timbrar durante el cambio de turno es una pérdida de tiempo. Consejo: cuando os crucéis con una rata de hospital, pinchadle donde él os diga, no suele equivocarse.

No puedo olvidarme tampoco de *el conocido*. Este subtipo de enfermo puebla todo el hospital: te lo puedes encontrar en intensivos, en planta, en urgencias o incluso en rayos. Su conversación para romper el hielo es la siguiente:

—Yo conozco a una enfermera que trabaja en este hospital.

—Ah, muy bien.

—Es de mi pueblo. Es bajita, morena y lleva gafas. ¿La conoces? Soy muy amigo de su padre.

—Con esa descripción podría ser yo.

Otro tipo de pacientes que podemos encontrar en cualquier hospital es *el pesetas*. Lo primero que suelta al verte aparecer es un: «Yo pago tu sueldo». Es el tipo de paciente más odiado por cualquier sanitario.

Un subtipo de *el pesetas* es *el chulito*. Su frase bandera es: «¡Tú no sabes quién soy yo!». A la que yo siempre respondo con un «Ni ganas que tengo». Nunca es nadie, aunque él cree que sí porque es presidente de la asociación de vecinos de su barrio.

Hablar de estos dos tipos de pacientes indeseables hace que recuerde a otro tipo menos habitual pero que también existe: *el de la privada*. Pertenece a una mutualidad que lo ha derivado a la sanidad pública porque su maravilloso hospital privado carece de los recursos suficientes para atenderlo o porque tiene que recibir un tratamiento que no resulta rentable. Este paciente y su familia llegan siempre a la defensiva y dejando claro que son de la privada. Suelen estar muy preocupados por si la habitación es individual y por cosas como la cama de acompañante.

—Nosotros es que somos de Sanitas, nunca hemos estado en la Seguridad Social. ¡Anda, mira! ¡Si hasta tienen tele en las habitaciones!

—Sí, señora, y baño completo. Pero aquí las gasas no son recicladas.

—¡Pero si hay una vieja en la cama de al lado! Esto en la privada no pasa.

—Pues ya sabe... ¡Ah, no!, que allí no la quieren.

No puedo cerrar este capítulo sin dedicar unas líneas a ese otro tipo de fauna hospitalaria que no está enferma pero habita allí: *el acompañante del enfermo*. Ese que a media mañana se pone a gritar en medio del pasillo porque el médico todavía no ha pasado a ver a su familiar, y cuando por fin llega, le pone su mejor sonrisa y le suelta un «Buenos días, doctor». Ese mismo que te pide un calmante a las cuatro de la madrugada para su padre porque tiene dolor, y cuando llegas, el paciente está roncando. Y esa otra que se pone a ver *Sálvame* mientras a su marido le da tiempo de arrancarse la vía, la sonda (con globo) y los patucos de protección. Y, cómo no, ese acompañante que te dice:

—Yo ya soy casi enfermera, que a mi padre le miro yo el azúcar en casa.

—Claro, señora, pues vaya y que le convaliden el título.

Pero los mejores acompañantes, los acompañantes pro, son esos que por la noche se ponen pijama, bata y zapatillas para mimetizarse con la planta. Que tú entras en la habitación a poner la medicación de las seis de la madrugada, los ves así ¡y no sabes a quién de los dos ponérsela!

La letra de médico (y otras cosas de médicos)

Un médico: cura; dos: dudan;
tres: muerte segura.

Refranero español

«Letra de médico» es una asignatura de último año de medicina. Cuatro créditos y medio. Estoy segurísima. O eso o los médicos pautan los tratamientos escribiendo captchas aleatoriamente, porque esa letra no es de este mundo.

Algunas teorías aseguran que antes de escribir una receta los médicos invocan a Hipócrates y, con el bolígrafo o pluma a modo de vaso de ouija, van rayando el nombre del fármaco que en ese momento da más «incentivos» (para que nos entendamos: iPads, puntos Iberia Plus...). Vamos, algo así como lo que hace Shakira para escribir la letra de sus canciones.

Pero esto de la letra no es cosa mía, ya lo recoge el sabio refranero popular: «Más matan las recetas que las escopetas». Que una fue a colegio de monjas y se hartó de hacer cuadernillos Rubio de caligrafía, todos, del uno al veinticuatro y alguno varias veces: «Haré un hoyo en la arena», «Aquella silla está rota», «Mi casita es de madera»... y todo para que la casa sea del banco y las sillas de Ikea. Hay compañeras nuevas que llegan a la planta y cuando ven mi relevo piensan que está escrito en Lucida Handwriting; no os digo más.

Como al final una tiene que arreglárselas para descifrarlo, aproveché que hace unos meses estuve en Londres para visitar el Museo Británico (ese al que vamos todos los españoles porque la entrada es gratis). Fui directa a la Piedra Rosetta. Yo pensaba que si esa piedra con inscripciones había servido para descifrar los jeroglíficos egipcios, a mí me serviría para las recetas. Compré un póster a color, de los caros, con la foto de la piedra bien grande, que hasta tuve que facturarlo («Big, big, very big Muzzy», le decía yo al del museo), y lo puse en el control de enfermería de la planta. Pues ni así.

Que yo me pregunto, así por un preguntar mío muy loco, esos que organizan cursos a distancia para que nos den créditos, y que te regalan una mochila, una toalla de playa o un pulsoxímetro, ¿por qué no hacen un curso de criptografía avanzada para prescripciones?

Una de las diferencias principales entre un médico y una enfermera son los congresos. Vas por el hospital y cuando pasas por delante del tablón ese en el que los sindicatos cuelgan sus cosas de sindicatos (en invierno, claro, en julio y agosto no encuentras a nadie en el sindicato ni de casualidad) y las visitas aprovechan para poner anuncios del tipo «Vendo cama articulada y traje de comunión», de pronto te encuentras un cartel en cuyo encabezado pone «XIV Congreso de». No hace falta leer más. Si el congreso lo organizan en Albacete, Soria, Ourense o Getafe, es para enfermería. Si es en Tenerife, Praga, Londres o Cerdeña, es para médicos. No falla.

Pero si una cosa me satura de verdad de mis amigos los médicos es el momento en que llegan a la planta, siempre en grupitos de tres (el residente, el adjunto y el de prácticas), y sean de la especialidad que sean siempre preguntan lo mismo:

—¿A quién tengo para ver aquí?

—Pues tú sabrás, hijo, que yo con saber quiénes son mis enfermos y qué les pasa bien me llega.

A mí al médico me gusta definirlo como: «Todo aquel que aparece por la planta, la pone patas arriba y se va». Igualito que los de mantenimiento.

Los turnos de noche

Una enfermera que pincha en el turno de noche ¿es una D J?

En el mundo sanitario, como en el mundo normal, hay dos tipos de personas: las que son de mañanas y las que son de tardes. Hay gente que prefiere trabajar de mañana para aprovechar la tarde, y otra que prefiere la tarde para no tener que madrugar. Luego están los de los turnos de noche: esa subespecie que trabaja mientras todo el mundo duerme y de cuya existencia nadie es consciente.

Hace poco estaba con unas amigas en una terraza y comenté: «El martes no puedo ir, que tengo que hacer la noche». En ese momento se hizo un silencio incómodo en la mesa de al lado y noté cómo me miraban. «Es que soy enfermera», dije. No sé si con eso arreglé las cosas o las empeoré.

Si algo tienen los turnos de noche es que son odiados y queridos a partes iguales. Trabajar de noche aumenta el riesgo de tener un infarto, diabetes, alzhéimer ¡¡y ojeras!! (estudio realizado sobre mí misma). Pero, por otra parte, tienen una gran ventaja sobre el resto de los turnos: ¡¡no está la nube!! («La nube» es mi forma cariñosa de llamar a la supervisora. ¿Por qué? Pues porque los días amanecen soleados hasta que viene una nube y los jode.)

No se han hecho estudios al respecto, pero trabajar de noche también aumenta el riesgo de quedarte soltera y marginada de la sociedad. Aunque tal como está el mundo, esto último igual no es tan malo... y lo primero tampoco. ¿Por qué las verbenas, los musicales, los conciertos y los esparcimientos en general son siempre a partir de las nueve? ¡¡Nadie piensa en el turno de noche!! Este verano quería ir a la verbena de mi barrio, por aquello de tener vida social, y me dice la supervisora: «¿Tú quieres verbena? Pues mira ésta», y se remanga la bata.

Otra de las grandes pegas del turno de noche es el día siguiente. Estás hecha una mierda, te despiertas a las cuatro de la tarde, te arrastras de la cama al sofá, del sofá al baño y de ahí al armario de las galletas. Porque cuando una trabaja de noche, al día siguiente una fuerza sobrehumana sólo te deja comer guarrerías. Es así. Como cuando la gente está de resaca un domingo, pero nosotras entre semana.

Pero no todo es malo en este turno. Uno de los grandes placeres que me doy cuando salgo del turno de noche es el de conducir despacito, sin prisa, como un jubilado de esos que madrugan y se acercan a los pasos de cebra para que tengas que pararte y luego te indican con el brazo que sigas. Media ciudad como loca porque llegan tarde a trabajar y yo con mi Seat Ibiza a mi aire, la radio a tope y montándome un concierto yo sola en el coche. Claro, eso si es entre semana, pero si sales de hacer noche un fin de semana, además de ver a zombies de recogida después de una noche de fiesta, te encuentras con todos los enfermos de corazón de la ciudad que salen a caminar.

Si hay un turno de noche estrella en el año ése es el de Nochebuena. Cuando te toca trabajar, no sabes si alegrarte o no. Y es que si el plan para Nochebuena es una cena de cinco horas con tus sobrinos del pueblo aporreando una pandereta, tu cuñado, tu prima la que tiene problemas con la bebida y la sobrina adolescente, además de tener que hacer la cena y recogerlo todo..., entonces sí, ¡¡quiero trabajar en Nochebuena!! Aunque vaya de sustituta a una planta en la que jamás he trabajado y acabe pelando gambas y brindando con una auxiliar y un celador a los que no había visto en mi vida.

Sólo una cosa más. Después de todos estos años haciendo turnos de noche, hay algo que todavía no me ha quedado claro: cuando llego a casa por la mañana y antes de irme a dormir, ¿tengo que cenar o desayunar?

La vida en una habitación de hospital

Cuando nos toca estar al otro lado

Desde hace unos cuantos años paso muchas horas en el hospital. Y las que me quedan... Le debo tantas horas al hospital que creo que voy a necesitar un hijo para que termine de pagarlas. Pero siempre las paso en el otro lado, en el lado bueno, el lado del que trabaja.

Le llamo «el lado bueno» porque, se mire como se mire, estar en el lado del paciente pocas veces tiene algo de bueno. Una ingresa de vacío y sale con unas piedras en un frasquito, tres pulseras en la muñeca, que parece que vienes de una ruta de festivales veraniegos, o incluso con un niño... Lo que yo decía: ingresar no trae nada bueno. Para eso me alojo en un hotel, que luego me voy de alta con los jaboncitos del baño, el cartel de NO MOLESTEN y unos caramelos de recuerdo.

Como ya habréis imaginado a estas alturas, sí, me tuvieron ingresada, y, oye, qué mal se está en la habitación de un hospital.

El tema comida lo tienen muy cuidado. El café del desayuno viene pensado para que no te quemes al beberlo, ¡siempre llega frío! Y con el bollo, más de lo mismo: como no saben qué sabor le gusta a cada uno, pues no ponen ninguno. Porque otra cosa no harás mientras estás allí, pero comer... ¡eso que no falte!: el desayuno, lo de media mañana, la comida, la merienda (¡cuántos años hacía que no merendaba!, igual que cuando iba al colegio), la cena, lo de después de cenar por si te has quedado con hambre, los bombones de la tía Mary (caja roja, cómo no), los toffees de la vecina que se ha enterado, no sabes cómo, de que estás ingresada... ¡¡Voy a reventar!! Y yo tenía la operación biquini casi a punto (de empezar)...

Pero aún no había llegado lo peor, no, eso ocurrió cuando dije: «Necesito sacar de mi cuerpo todo lo que me estáis metiendo». ¡Ja! La cuña, vaya con el instrumento de tortura ese, que mira que no habré puesto yo cuñas, pero ¿habéis probado a mear en una? Y encima me entero de que en México a la cuña le llaman «cómodo»... y luego soy yo la del humor negro. Ahí te ves tú, en tres puntos, apoyada en la nuca y en los pies, trasero al aire, meten la cuña y, ¡flop!, ¡¡aquello hace vacío!! No volveré a quejarme por mear en el baño de una discoteca con la puerta que no cierra, el bolso colgado del cuello, un pie en la puerta, el abrigo en un brazo y el Kleenex entre los dientes. La cuña es peor, lo juro. Encima, mientras meo y el chorrito resuena en la habitación, me vuelvo y veo que la abuela de la cama de al lado me mira y me sonríe. ¿Llevas dos días en coma y justo tienes que despertarte ahora?

Y por si te quedan pocas ganas de vivir así, llegan las visitas: las mías, las de la abuelita de al lado, la señora que llega porque allí estaba ingresada una vecina suya hace dos semanas y por si seguía, pero ahora está muy cansada y se queda un rato, el de mantenimiento que viene a mirar la luz, la del quiosco de enfrente que le habían encargado una revista los familiares de la abuela pero no se acuerda de cuál era.... ¡¡¡Dejadme en paaaaaz!!! Lo he decidido: para mi próxima vida me pido ser gitana, así me pondrán en una habitación individual.

Pero ¿qué sería de los ingresos hospitalarios sin estos ratos de humor? Como dice Albert Espinosa, cuando estás en un hospital lo que te mata no es la enfermedad, lo que realmente te mata es el aburrimiento.

Los tubos de analítica (y otras cosas del laboratorio)

Con buenas venas no, que me enamoro

Cuando una pisa por primera vez la sala de extracciones, sea alumna o enfermera, lo primero que aprende es que la vena buena siempre está en el otro brazo. Eso y a distinguir a las señoras que te dicen en qué vena tienes que pincharlas. Un consejo: hazles caso, pero ten en cuenta que si aciertas será porque ellas te lo dijeron; si fallas, es porque eres mala pinchando (no porque lleven veinte años diciendo que le pinchen allí y, claro, ya no hay rastro de vena).

Lo siguiente que aprendes es a trapichear con la sangre. ¡Como lo oyes!

—Paqui, este hombre no me sangra más. ¿Tú crees que les llegará con esto?

—Sí, mujer, y si no que lo repartan.

La sangre en la sala de extracciones es como la mantequilla: cuanta menos se tiene, más se extiende. Y si el afortunado tiene malas venas, se aprovechan hasta las gotitas de la goma de la palomita. Cada gota cuenta, con tal de rellenar el tubo.

¡Los tubos! ¡Ay, los tubos! El nivel de ansiedad del paciente es directamente proporcional al número de tubos que vea sobre la mesa.

—¿Todos esos tubos son para mí? ¡Me vas a dejar este brazo sin sangre!

—No se preocupe, que se reparte.

Por cierto, si algún día la enfermera te dice: «Se ha dejado usted las venas en casa», no es por hacer la gracia ni porque quiera conversación. Se está acordando de toda tu familia porque tienes una mierda de venas.

Uno de los elementos indispensables en la sala de extracciones es el contenedor de agujas; de agujas, de jeringas, de flores y plantas de todo tipo, de ampollas ¡y hasta de pilas! Porque un centro sanitario no es tal si no tiene un contenedor amarillo en el que pone «Pilas» escrito con rotulador permanente. Lo más curioso de los contenedores de agujas es la marca esa en la que se lee: «No llenar por encima de esta línea»... Ja, ja, ja, ja. Señores fabricantes de contenedores amarillos biopeligrosos, no se molesten en ponerla, todo el mundo sabe que el contenedor se llena hasta arriba, y cuando no caben más agujas, le pegas un meneo ¡y aún queda sitio para otras veinte más!

Pero, sin duda, el objeto más inservible de todo el laboratorio es la tirita redonda color carne. ¿Por qué redonda? ¿Para que sea imposible despegarla luego? ¡Hay pacientes que vienen a sacarse sangre y todavía llevan la tirita de la vez anterior! Pero no importa, les sacas sangre, les mandas apretar un rato (ni caso) con la gasita, y al instante te están pidiendo la dichosa tirita. Yo creo que las usan como justificante laboral para llegar tarde.

—¡Llega usted media hora tarde!

—Mire, mire, traigo una tirita redonda color carne.

—Ah, disculpe, vaya a desayunar y ya luego trabaja.

Porque apretar en el punto de punción no aprieta nadie, y luego se quejan de que les sale un hematoma. Eso por no hablar de la última moda en las salas de extracciones: doblar el codo para no tener que apretar. ¿De dónde ha salido esa moda? Esto es cosa del presentador de *Saber vivir*, que les vuelve la cabeza loca.

No sólo de sangre vive el laboratorio: otras muestras habituales son las de orina. El mundo de las muestras de orina es un desmadre. Puedes ver orina recogida en tarros de mermelada, en botellas de agua mineral y hasta en bolsas de plástico..., sí, la que se derrama porque el tarro no cierra bien. Para mí, hay dos normas fundamentales para sobrevivir a las muestras de orina: ponte guantes, y si no te los has puesto y el frasquito está mojado, piensa que fuera está lloviendo, aunque sea agosto y estemos en plena ola de calor. Es por tu bien.

No puedo dejar el tema de las muestras de orina sin hacer una mención especial a ese colectivo que envuelve los frascos de orina en papel de aluminio... Orina en papillote.

Os dejo, que la impresora ya debe de haber acabado con mi última creación: un cartelito a lo Luis de Guindos para pegar en la puerta de entrada de extracciones:

«No es un pinchazo, es una interrupción temporal de la continuidad de la epidermis con vistas a recuperación, en condiciones muy favorables».

DILUYENDO

CARGANDO...

please wait

Decálogo de Enfermera Saturada (y del día que terminas enfermería)

Manual de Supervivencia Hospitalaria

Cuando por fin terminas la carrera de enfermería, ocurren dos cosas, bueno, en mi caso tres:

- Bajas a ver las notas de las últimas asignaturas que te quedaban por saber, ves que has aprobado y piensas: «Entonces ¿ahora ya soy enfermera?». Y un sudor frío te recorre la nuca... «¡Pero si no tengo ni idea!» Tu familia lo celebra por todo lo alto, te achuchan, te sacan a cenar, tu abuela se lo cuenta a las vecinas... y con suerte hasta te regalan un fonendo Litmann o un libro de Metas (bueno, esto último no supone mucha suerte). Que digo yo, muy corta me ven. Vale que nunca he ganado el concurso de dibujo de mi barrio ni aquello de la redacción de Coca-Cola que había todos los años, pero un poquito de confianza en una estaría bien, ¿no?

- Lo siguiente es ir a por el título. Que, aunque lo firme el rey, a una le hace ilusión tener un papel donde pone que eres enfermera. Te presentas ante las amables administrativas:

—Venía a por el título, que ya soy enfermera.

—Bueno, a ver si está todo en orden (y te mira con cara de «Ojalá te quede una y no te hayas enterado»).

El caso es que pagas una pasta y te dan tu título metido en un tubo de cartón que parece el del papel higiénico. Un consejo: no lo enmarques, durante los próximos diez años le harás decenas de fotocopias compulsadas.

- Ya por último, tu madre te dice: «Tendrás que colegiarte, ¿no?». Ese día descubres que existe una cosa que se llama Colegio de Enfermería y que es algo así como una secta de enfermeras. Con sus cursos y sus reuniones secretas para decidir si este año mola más el desbridamiento enzimático o el autolítico.

Cuando fui a colegiarme, todavía recuerdo que me dieron un libro titulado *Decálogo de la Enfermería*, y, oye, una lo que es de regalo lo coge todo, que para eso estamos en España, y mi abuelo siempre me decía: «A caballo regalado, no le mires el dentado». Pero en el caso del decálogo, ni caballo ni dentado... No me ha servido para nada. Por eso he decidido elaborar mi propio «Decálogo de Enfermera Saturada», que es mucho más práctico, y deberían regalarlo a los nuevos colegiados junto con una chapa de Enfermera Saturada:

1. La vena buena siempre está en el otro brazo.
2. Verás que te falta el tapón cuando ya tengas canalizada la vía.
3. Un timbre de noche nunca suena solo: si uno suena, otro se le sumará.
4. El paciente que más protesta es el que mejor está.
5. El apósito del tamaño adecuado no existe.
6. Hay dos tipos de esparadrapo: el que no se pega y el que no se puede despegar.
7. Si sólo llevas un tubo de analítica, será el que ha perdido el vacío.
8. Nunca creas lo que el paciente dice que le ha dicho el médico.
9. El cajetín de medicación del paciente de la última habitación siempre vendrá mal.
10. Nadie que llame al timbre lo hace por algo urgente.

La mujer que llama de la bolsa de empleo

Hay unicornios más fáciles de ver

Hay gente que asegura que la ha visto. Incluso hay gente muy loca que dice que una vez la ha oído reírse. Pero esta mujer no es de las que se ríe «Jajajaja», no, no; es de las que se ríe en plan «Muahahahaha» mientras acaricia un gato.

La mujer que llama de la bolsa de empleo es el mayor mito hospitalario que jamás haya existido. Más incluso que el propio gerente o la directora de enfermería, que de vez en cuando los ves en el periódico o en algún congreso. Esta mujer es mucho más importante que todos ellos juntos. Es la que decide quién trabaja este verano y quién no.

Me la imagino en un despacho con unas pantallas grandes en las que nos ve a todas las enfermeras sustitutas. Sentada en un sillón de esos que giran y con un gato negro al lado que acaricia con su guante de supervillana. Delante de ella, los contratos para el hospital y una ruleta de casino con nuestras caras. Y así, poco a poco, va asignando contratos de forma aleatoria.

Mientras tanto, yo desesperada en casa. Cuánta ansiedad se genera en el momento en que te llama la mujer esta de la bolsa de empleo. Y mientras esperas la llamada es aún peor: el volumen del móvil a tope, por si no lo oyen sonar en Villarrobledo, y el teléfono cerca de la ventana para que le entre bien la cobertura. Si voy a la cocina, el móvil viene conmigo; si voy al baño..., no, en el baño no hay cobertura. Así que hoy toca apretar.

«Riiiiiiing.»

—¡¡Me ha tocado, me ha tocado!!

—Hija, ¿el domingo vienes a comer? Que hago paella y a ti...

—Mamá, tengo que colgar, estoy esperando una llamada de ELLA.

—Ah, vale, vale, ya te dejo, pero ¿vienes o no? Porque la voy a preparar con unos entrantes que bla bla bla...

—Adiós, mamá.

Y ahí sigues, esperando la llamada un día, y otro, y otro más... Y entonces vuelve a sonar el teléfono.

«Riiiiiing.» (Esta vez ves un número de esos largos tipo 6300305542001 2803, así que no puede ser otra persona.)

—¿Síii? —respondes tímidamente.

—¿Satu?

—La misma.

—Buenos días, te llamo de la revista *Motas de Enfermería* para ofrecerte...

—No, mire, no me interesa.

—... una suscripción a un precio inmejorable, sé que no vas...

—Pero ¿usted me está escuchando?

—... a poder decirme que no, además todas tus compañeras...

—Se va quedando buena mañana, sí.

—... ya lo han cogido, es una oportunidad única...

—Póngame kilo y medio de melocotones.

—... y si la aceptas ahora, ¡¡te regalamos un fonendo!!

Entonces llega el día. Y justo es el día que te has quedado en cama un poco más porque la noche anterior te liaron hasta tarde. Suena el teléfono, te despiertas que no sabes si estás todavía en la cervecería, en tu cama o en coma. Abres un ojo y ¡es ELLA! Pegas un salto y sales de la cama, levantas la persiana (¿para qué? pero lo haces), te golpeas el dedo meñique del pie contra el borde de la mesilla, tropiezas con los zapatos y respondes con una voz muy digna como si llevases dos horas despierta... Chicas, se nota, la voz de camionero de primera hora de la mañana de un viernes se nota. Pero no importa, te ha llamado y te ha ofrecido un contrato de un día, en una unidad que en tu vida has pisado y, aunque haya dicho que vas de refuerzo, en el fondo de tu persona sospechas que te refuerzas a ti misma. Vamos, que estarás sola. Y entras de tarde, dentro de dos horas y media concretamente.

Menos mal que siempre llevo la ropa del hospital en el maletero del coche. Cualquier día me convalidan el carnet de feriante.

Cuando estudias enfermería

Paso corto y vista larga.

El primer paciente al que atendí en prácticas

«Las enfermeras somos espectadoras privilegiadas de la vida humana. Queridas alumnas, bienvenidas a la profesión más bonita del mundo.»

Así terminaba el discurso inaugural que la directora de la escuela de enfermería en la que pasé tres años de mi vida repetía al inicio de cada curso subida en un banquito. Era una enfermera de las de antes, de las de capa, cofia y delantal almidonado. Desprendía ternura allí por donde pasaba, con sus grandes mofletes, su permanente sonrisa y su peinado años setenta; era como una abuela para todas nosotras. No tenías más que insistirle un poco para que se pasara las tutorías contándonos antiguas batallitas y enseñándonos unas viejas fotos suyas vestida de enfermera que guardaba en un sobre del Hospital General.

No voy a negar que lo de llevar capa me habría gustado. No era una capa en plan Superman, aunque podría haberlo sido, era una capa azul marino en la que se envolvían en plan Conde de Montecristo, y que se sujetaba con un alfiler rematado con el emblema del colegio profesional de enfermeras. Debía de tener su punto entrar en una habitación de noche envuelta en la capa y, cuando se despertase el paciente, ¡soltar una bomba de humo y desaparecer! (ahora entiendo por qué no me contratan en muchos sitios...).

Como no podía ser de otra forma, nuestra directora daba clase de Fundamentos de Enfermería. Ésta es una asignatura que siempre, en todas las facultades de enfermería, sin excepción, imparte una profesora que dejó de trabajar en el hospital cuando todavía se hervían las agujas. Y es que, queridos alumnos —y ahora me pongo yo en plan discurso inaugural—, las peores profesoras son siempre las que más horas de clase os van a dar.

Esto es tan cierto como que os obligarán a asistir a Jornadas de Enfermería que no os interesan en absoluto, que la importancia de una enfermedad es proporcional al número de hojas que ocupa en vuestros apuntes, y que cuando empecéis las prácticas en el hospital esquivaréis cualquier marrón con un: «Yo es que soy de prácticas».

Durante estos años, entre otras muchas cosas realmente interesantes y de provecho, os enseñarán que una mujer llamada Virginia Henderson, que no tenía amigas ni nada mejor que hacer, dijo que los seres humanos tenían catorce necesidades básicas. La gente le hizo caso, y durante el resto de tu vida estudiantil y laboral pasarás horas haciendo planes de cuidados sin entender «nanda»* y sin tener tiempo ni para ir al baño.

Pese a que deberás combinar prácticas en el hospital con horas de clase y exámenes interminables durante unos años, bienvenida. Esto no ha hecho más que empezar.

Ah, por cierto, los pacientes que te intentan «colocar» a su nieto no son un rumor que inventan los de segundo. Existen. Y su nieto siempre parece sacado de Lefties.

* NANDA: North American Nursing Diagnosis Association. Sociedad científica dedicada a la estandarización de los diagnósticos de enfermería.

Leyes básicas para alumn@s

La Nightingale estaría orgullosa

Queridísimas alumnas y queridísimos alumnos de enfermería, como sabéis, la profesora de Fundamentos de Enfermería se dedica a enseñaros cosas como los modelos de enfermería. Hagamos un repaso:

- Modelo naturalista: Florence Nightingale.
- Modelo de suplencia o ayuda: Virginia Henderson y Dorothea Orem.
- Modelo de interrelación: Hildegard Peplau, Callista Roy, Martha Rogers.

Todos estos modelos están muy bien para aprobar fundamentos, pero yo estoy creando mi propio modelo con su lista de leyes básicas, para tod@

alumn@ que vaya a pisar un hospital por primera vez en su vida con traje blanco.

1. Nunca digas a un paciente: «Es la primera vez que hago esto».
2. Si es la primera vez que haces algo y sale bien, procura no parecer muy sorprendida.
3. Mirarás todas las tensiones de la planta. Cuando seas enfermera, harás lo mismo aunque creas que no.
4. Pondrás el compresor a todo mártir que pilles para palparle las venas (se deje o no).
5. El material del hospital se queda en el hospital.
6. Si no sabes para qué es una pastilla, no le digas al paciente que es para el corazón y te quedes tan tranquila.
7. Lo interesante siempre pasará fuera de tu horario.
8. Cuando pases por el pasillo, no mires a ningún familiar a los ojos, mira al frente o no llegarás al final.
9. Cuando te digan que retires la mitad de las grapas quirúrgicas, no saques sólo las grapas fáciles.
10. No retires una vía hasta que no tengas canalizada otra. Por lo que pueda pasar.

11. La llamada Ley del Genérico: si no compruebas la dosis del fármaco, estará mal. Si la compruebas, será la correcta.
12. Sonreírle a un paciente porque no entiendes lo que dice y marcharte despacito no está bien. Inventarte tensiones tampoco.
13. Saludarás a toda persona que lleve el uniforme del hospital cuando te la cruces por los pasillos. Aunque no la conozcas. Es un saludo gremial.
14. Si ves que un paciente se ha arrancado la vía a diez minutos del cambio de turno, tú no has visto nada.
15. No cuela que los viernes no vengáis a las prácticas porque estáis enfermas. O me lleváis de copas con vosotras el jueves o no cuela.
16. Si no sabes si el paciente es hombre o mujer, mira la cama de al lado.
17. La primera ley de la UCI: jamás digas «¡Vaya por Dios!» si tu paciente está consciente.
18. Las alumnas que bajan solas a la cafetería no son de fiar. Una fuerza extraña os hará ir por las plantas recogiéndoos unas a otras para bajar juntas.

19. Cuantos más acompañantes tiene un enfermo, menos vigilado está.
20. Si esa vía parece imposible, encomiéndate a santa Florence Nightingale.

Vamos de Paseo
VIAL PARA EL RESFRIADO...
SR. TUBO MORADO
SR. GARROTE

El material del hospital se queda en el hospital (o no)

Keep Calm and Love Llavero-Enfermero

Hoy quiero hablaros de los bolis de medicamentos, las libretitas de Plavix, las capsulitas de colores y las jeringas azules de 5 ml. De todas esas cositas tan monas que hay en los hospitales y consultas con una sola finalidad, y no, no es la de ser utilizadas. Hoy quiero hablaros de los robos.

Porque esto empieza ya en la universidad. Tú eres una inocente estudiante que un día empieza las prácticas, vas toda contenta con tu uniforme blanco lavado con Neutrex y la señora que viene del futuro, y descubres un mundo maravilloso de cajetines pequeñitos llenos de pastillas de colores, de minijeringas, de maxijeringas como las de carnaval, de botecitos con cucharilla en la tapa (que luego te enteras para qué son y se te quitan las ganas...), de minibetadines y de tubitos con tapas de colores.

Cuando eres alumno, la barrera del «me llevo este taponcito tan mono de recuerdo o no» se rompe el día que llegas al vestuario y descubres que, por error, llevas uno en el bolsillo del pijama... «¿¡Qué hago!? ¿Subo y lo devuelvo? ¿O me lo quedo?» Ese día descubres que el hospital no es Zara porque no has pitado al salir de la planta. Es entonces cuando llega el momento de fabricarte tu propio «llavero-enfermero» con pastillitas de colores metidas en un vial.

Y es que todos los alumnos y/o enfermeros sustitutos tienen una meta en común: cobrarse el puteo. «A mí me putean, pero yo esto me lo cobro en material.»

Porque puedes llevarte bolis fantásticos de esos que sólo hay en las consultas, libretitas con post-it de colores, rollos de esparadrapo de papel, folletos sobre la diabetes, cápsulas transparentes con bolitas de colores dentro, monodosis de betadine, bombas de perfusión, monitores de ordenador y hasta glucómetros. Pero existe un límite, una barrera que nadie ha sido capaz de traspasar, un muro infranqueable, un remordimiento que sabes que te durará eternamente: el rótulo NO LLEVAR. No existe en el mundo un antirrobo mejor. Ya puedes estar viendo la carpeta más bonita del mundo con un bebé que anuncia Nutrexpa, que si pone NO LLEVAR, sabes que se quedará ahí para siempre, que esa planta se cierra en verano y vuelve a abrir en..., bueno, que se cierra y queda así, y la carpeta seguirá allí.

Un iPhone lleva dos semanas tirado en el parking del Mercadona y lleva una etiqueta en la que pone NO LLEVAR; seguro que es de una supervisora.

De todo esto, se me ocurre tan sólo una explicación lógica que justifique que el material sea de tan mala calidad: está ahí para que lo robes, como los jaboncitos de los hoteles.

Los carros de medicación

A toda pastilla

Hoy voy a hablaros de la mejor obra de ingeniería de los hospitales después de los lavacuñas: los carritos de medicación. Esos armarios con ruedas que, vayas al hospital que vayas, todos son igual de malos.

Porque yo tengo una duda que aflige a la Nightingale que llevo dentro desde hace mucho tiempo: ¿quién diseña esos carritos? Porque da igual la marca, el tamaño o el color, ¡todos tienen una minipapelera que no sirve absolutamente para nada! Mi sobrino tiene un carrito de limpieza de esos de juguete (sí, mi hermana quería una niña) ¡y trae una papelera del mismo tamaño! ¿A qué piensa que nos dedicamos el sueco que los diseña? ¡Ese hombre jamás ha visto lo que pueden llegar a ocupar los envoltorios de los sistemas de suero y las cajas del Tazocel! Así que te ves atando una bolsa de basura al asita del carro y arrastrándola por todo el pasillo (no pruebes a sujetarla con esparadrapo, eso no aguanta).

Tocamos aquí otro de los puntos fuertes de todo buen carro de medicación: el asa. Las hay en dos variedades: con barra lateral o con dos asas. Da lo mismo. Cuando lleva velocidad, aquello es imposible de manejar y te vas hacia los lados... Es entonces cuando el familiar-paseante (ese que vive permanentemente en el pasillo) te dice aquello de: «Maja, se nota que no tienes carnet de carro». Ah, y no intentes llevar a la vez el robot de las tensiones y el carro, eso jamás acaba bien.

Encima del carro nunca puede faltar: un frasco de Lactulosa, grande, como de litro, y feliz como la mierdecilla con ojos de whatsapp, además de un Motilium que nadie sabe cuándo se abrió, un contenedor de agujas rebosante (que si lo meneas un poco aún hace hueco), y el clásico entre los clásicos: la bolsita de suero de 100 cc con una aguja clavada en la que pone LIMPIO. ¿Limpio? ¿¡Limpio de qué!? ¡¡Si eso puede llevar abierto por lo menos tres días!!

Cómo no, todo carro tiene sus cajetines: uno

para cada paciente, y con lo que se supone que es su medicación... Y digo «se supone» porque siempre, siempre, siempre al cajetín del paciente de la última habitación le faltará medicación. Llegados a este punto, y por no volver a cruzar todo un pasillo lleno de caminantes, abres el cajón grande, el de arriba del todo, ese cajón que es una mezcla rara entre el bolsillo de Doraemon y el bolso de Mary Poppins juntos. Ahí puedes encontrar desde medio Sintrom chupado hasta un sobre de Flumil, pasando por agujas, medicación domiciliaria de un paciente que fue dado de alta hace tres semanas, bolis de insulina, la llave de la caja fuerte ¡y hasta burbujas de suero! Lo que nunca me he encontrado todavía es un Danacol...

Os dejo, que tengo que sacar el carro al pasillo para repartir la medicación.

Y que no falte un botiquín

En el hospital no hay botiquines

Hace algunos años, por cuestiones del destino y de la especialidad, trabajé durante una temporada como enfermera de empresa en una conocida mutua. A todos los nuevos clientes, el director les entregaba como bienvenida... ¡un botiquín! Y no veas lo contentos que se iban pensando que aquello salvaría la vida de algún empleado. Porque, sinceramente, ¿alguien ha encontrado algo útil dentro de esas cajas blancas con una cruz roja pintada fuera?

Lo que no puede faltar en todo botiquín de primeros auxilios es un frasco de alcohol, grande, de medio litro a poder ser... Así, en caso de despido improcedente, el empleado siempre puede darse a la bebida. Es el uso más razonable que le veo.

—Paco, me han despedido. Pásame el botiquín.

—¿Te vas a suicidar?

—No lo sé, pero ahora me voy a preparar unos chupitos de hierbas que no veas.

Lo siguiente que encontramos en caso de emergencia es: ¡¡un rulo de algodón!! Envuelto siempre en un cartón azul (muy higiénico todo) y metido en una bolsa transparente... ¿Algodón? ¿Para qué? ¿Para hacerle unos patucos al gerente y que no se le ulceren los talones?

Otro clásico de las cajitas salvavidas es un montón de vendas... ¡¡de hilo!! En varios tamaños, para gente con tobillos gordos también, pero de hilo. De esas que son como gasas en rollo, y a las que yo, sinceramente, sigo sin encontrarles utilidad. De hecho, creo que sólo las fabrican para meterlas en botiquines, porque jamás he visto esas vendas en ningún otro sitio.

Cómo no, no puedo olvidarme del producto estrella: ¡¡¡las tiritas!!! Cuánto las odio, no os lo podéis imaginar. Trozos de plástico adhesivo con un rectángulo blanco en medio que, teóricamente, es una gasa pero que no empapa. Las encontrarás en color carne o transparentes, pero nunca darás con la del tamaño adecuado. Y yo me pregunto, si la mayoría de la gente que usa tiritas las pone en los dedos, ¿por qué no inventan tiritas con forma de dedo? Que una se las pone y sobra más de la mitad del adhesivo. Si han inventado las tiritas redondas para cuando vas a pincharte a un hospital privado, ¿por qué no inventan las tiritas-dedal? ¡Es que se forra el que las venda!

Completamos el botiquín con:

- Un par de guantes. Sólo un par. Los propios fabricantes no cuentan con que nadie lo use más de una vez.
- Un frasco de Curadona. Betadine nunca, siempre un genérico chino.
- Dos paquetes de gasas. Creo que es lo único útil del botiquín, ya que la caja ni siquiera puede usarse para guardar galletas.
- Un rollito de esparadrapo de ese marrón imposible de despegar.

Otro de los sitios donde tiene mucha salida el tema de los botiquines son los concesionarios de coches. Acabas de gastarte veintitrés mil euros en un coche, ¡¡y no se le ocurre nada mejor al hombre del concesionario que regalarte un botiquín!! ¿Ya sabe que voy a tener un accidente? (Aunque no sería raro que me hubiese visto por ahí, en un semáforo, dándolo todo cuando suena en la radio una canción que me gusta.) Señor vendedor, que eso es como si al comprarme un paquete vacacional para irme de crucero por el Nilo me vendiesen un seguro médico por si me muero... Claro que también lo hacen... El caso es que el botiquín del coche va equipado exactamente con el mismo material de primeros auxilios que el del trabajo. Todo muy útil en caso de impacto a 120 km/h... Bueno, todo no, el alcohol no que luego os aficionáis.

Y los botiquines portátiles aún tienen un pase, pero ¿qué me decís de esos que se clavan en la pared? En caso de accidente yo me imagino que debe de pasar algo así:

—¡Paco! ¡Que Antonio se ha caído de la escalera y sangra por la cabeza!

—Nada, arrástralo hasta el baño, que tenemos allí el botiquín clavado. ¿Te voy preparando un chupito?

El gel hidroalcohólico

De la marisquería al hospital

Hace un par de inviernos, la gripe A nos iba a matar a todos. La población mundial estaba en peligro, desabastecida de vacunas, al borde del caos y sin esperanza... hasta que apareció: Sterillium Man. El Superhéroe Alcohólico. Sólo él podía traer esperanza a la humanidad, lanzando sus chorros contra el malvado virus.

Contado así, podría ser perfectamente el guión de una superproducción de Hollywood; no sé cómo no se les ha ocurrido. Pero fue más o menos real.

Bien pensado, hemos sobrevivido al efecto 2000, a la gripe del pollo, a las vacas locas, a Belén Esteban, a una ciclogénesis explosiva y ahora a la gripe A. ¡¡Sólo nos falta sobrevivir al euro!!

Pero este superhéroe no es nuevo. Nos conocimos en el restaurante el día de mi primera comunión. Ese día hubo marisco y el camarero nos trajo unos sobres con unas toallitas con olor a ambientador barato de limón en las que ponía «Toallita refrescante perfumada». Este superhéroe llevaba años entre nosotros, cambiando el olor a marisco de las manos por olor a ambientador, mucho mejor, ¡dónde va a parar! Y tuvo su momento de gloria.

Se desató la locura, y los hospitales y centros sanitarios en general compraron gel hidroalcohólico a toneladas. Las enfermeras teníamos que bañarnos en Sterillium varias veces durante el turno; daba igual que al final de la semana en vez de manos tuvieras muñones, todo fuese por la supervivencia de la raza humana. Algunas enfermeras aprendieron a pinchar con los pies, como esa gente que pinta con la boca y con el pie y que todos los años envía postales por Navidad.

Todo se rociaba con chorros hidroalcohólicos: las paredes, los cristales (y qué bien los deja, todo hay que decirlo, que tengo los cristales de mi casa que se estampan las palomas contra ellos), se rociaba los papeles, a los celadores, a las visitas, los bombones caja roja, los fonendos... Había que evitar el apocalipsis. Y vencimos. Y cobró Steri llium en los hospitales como para sobrevivir a los siguientes seis fines del mundo.

Yo creo que ahora lo utilizan para desinfectarnos por dentro. Hace un par de semanas me sirvieron un gin-tonic que sabía a Sterillium, pero yo no digo nada, que con la de cosas que le ponen ahora casi parece más un biofrutas que una copa.

Os preguntaréis cómo conozco su sabor, pues os diré que el gel hidroalcohólico sólo tiene dos formas de salir del frasco: o aprietas y no sale chorrito, o aprietas y sale salpicando... Y en boca aún, pero en ojo no os lo recomiendo ni para la conjuntivitis.

Los manguitos de tensión

Expertos en trabajar bajo presión

Desde hace años me vengo fijando en unos seres que cohabitan con todas nosotras y que son unos incomprendidos: los manguitos de tensión.

Para empezar, estos pobres seres responden a una gran variedad de nombres, a cada cual más humillante: manguito, tensiómetro, esfingomanómetro aneroide, el marciano (si lleva ruedas) o el chisme de la tensión. Todo va en función de si quien se refiere a él es la supervisora, tu compañera o el alumno enfurecido porque mira unas cuantas tensiones todos los días.

Los manguitos, por norma general no escrita, tienen dos sitios donde vivir dependiendo de su categoría: los que son manuales siempre viven en el cajón grande de abajo del todo en el control, y los que son marcianos están enchufados permanentemente, como si fueran un smartphone, en la salita de la medicación.

Pero después de tantos años estudiando los manguitos, pude observar que todo manguito pasa por varias fases a lo largo de su vida.

Tenemos el *manguito estrella*, ese que la supervisora un día te entrega como si fuese la extra de Navidad: «Niñas, mirad qué os traigo, cuidádmelo bien», y allí está, ese manguito azul klein radiante, con su tela bien tiesa, su velcro intacto y hasta con su rayita de «ponga la arteria aquí». El nacimiento de este manguito siempre se anuncia en el relevo; no es para menos...

La siguiente fase es el *manguito peluche*, ese que inexplicablemente ha absorbido todas las pelusas que ruedan por los probadores de Zara y el velcro ya no es azul sino de colores. Que un día me pongo a juntarlas todas y le hago una bufanda bien mona al manguito-marciano en el turno de noche. Al tiempo.

En las siguientes fases, la tela del manguito se va quedando transparentosa, hasta que llega un día en que pasa a la edad de *manguito sapo*: un día, de buenas a primeras y mientras miras la tensión a un paciente recomendado... ¡flop! sale un trozo de goma negra de entre la tela que se infla como un globito. Pero tú sigues tan digna dándole a la pera y rezando para que no estalle, y finalmente aguanta.

Es entonces cuando se lo das a la supervisora y te suelta la frase: «Voy a mandarlo a mantenimiento». Y eso es el fin. Ningún manguito ha vuelto de ese sitio. Mantenimiento es un lugar del sótano del hospital que nunca nadie ha visitado. Todas sabemos que existe, y que de allí entran y salen señores a punto de jubilarse desde hace años, vestidos como Super Mario Bros, pero en realidad ese lugar es el cielo de los manguitos.

Los fonendoscopios

Voyeurs de la anatomía

Los fonendos son el artilugio sanitario por excelencia. No hay muñeca infantil vestida de enfermera que no lleve uno, junto con la jeringa, la batea y el termómetro. Y un maletín en el que en teoría cabe todo eso. En teoría. Porque la Nancy Enfermera, como las enfermeras de la vida real, lleva más cosas que las que le caben realmente en el maletín.

Pero esos ojos indiscretos de nuestros ruidos internos (no me diréis que no dan ganas de pintar un ojo en la campana del fonendo, como el del clip de ayuda de Word) son en realidad un elemento de postureo indispensable en los centros sanitarios. Me han contado que a los médicos, en sus actos de graduación, no les imponen una banda como a nosotras, no, ¡a ellos les ponen un fonendo al cuello!

—¡Pero si yo quiero ser neurólogo!

—Pues le auscultas el cráneo, pero te pasearás con el fonendo al cuello por el hospital hasta para ir a la cafetería.

Para saber si un hospital cumple los ratios de postureo suficientes, no puede faltar tampoco la enfermera de laboratorio con el fonendo al cuello. Pero no un fonendo cualquiera, ella lleva un Littmann con su L bien gorda como de Loewe en la membrana. Y es que un Littmann no se lleva para usarlo, ni porque se necesite, se lleva para lucirlo.

Hay fonendos de muchos modelos, tamaños y colores: de doble campana, de campana simple, de campana rota que no funciona, con grabación de sonidos, con memoria interna y hasta con bluetooth... Y luego están los estetoscopios: postureo nivel supremo. Ver uno de éstos por el hospital es como ver un Aston Martin del 64.

Estos seres están rodeados de un halo de misterio, como casi todo el material sanitario; un misterio todavía desconocido por muchos, pero que no pasa inadvertido para mí. Si las bolitas de los extremos son blancas y se ponen en las orejas, ¿por qué se llaman «olivas»? Yo las he visto rellenas, pero no de anchoa precisamente. Son cosas inexplicables de este mundo, como por qué todos los celadores llevan la cartera metida en el bolsillo de arriba del uniforme o por qué se saludan cuando van empujando una camilla por los pasillos y se cruzan con otro que también lleva una.

Os dejo un rato, voy a ver qué quiere ahora el médico residente de primer año, que el pobre va de Littmann y no llega ni a Riester.

Los glucómetros

A mí no me gusta el dulce

Si hay un aparato esencial en cualquier centro sanitario, además del tensiómetro, ese es el glucómetro. Medidores de la dulzura de la vida, e inspiradores de la *dolce vita*, estos pequeños seres de aspecto futurista esconden grandes misterios, incógnitas que nadie ha alcanzado a resolver en sus casi treinta años de existencia, pero que a mí me disparan el azúcar, la «diabetis», la enfermedad del azúcar, la dulcemia, o como queráis llamarle, tanto como ver de un tirón *Love Actually* y *Leyendas de pasión*.

Y es que, aunque casi nadie lo sepa, los glucómetros son primos de las impresoras. Que una sale de casa con dos euros una tarde que haga bueno y vuelve con una impresora láser wifi y un glucómetro usb con funda. Eso sí, sin cartuchos de tinta ni tiras medidoras, que los primeros van a precio de lágrima de sirena y las segundos al de papiro egipcio.

Hay tantos modelos de glucómetros en el mundo que en las farmacias han optado por no tener tiras medidoras y dar siempre una respuesta estándar:

—Buenas, vengo con mi AccuTouchChekOptiumLite 2000. Se me han acabado las tiras.

—Acabo de vender las últimas que me quedaban, espere que le anoto la referencia, y el chico gordito de la moto trucada con casco quitamultas se las trae en un momentito.

Los hay con forma de tamagotchi, de bolígrafo, de reloj de muñeca, de colorines, con puerto usb, con puerto deportivo, con bluetooth o infrarrojos, con memoria, sin memoria como los políticos, con batería recargable, superrápidos, ultrarrápidos, megarrápidos... y luego están los del hospital. Si algo tienen en común todos los glucómetros de los hospitales es que son lentos. Mucho. Hay gente que empieza a mirar las glucemias de la cena después del Sintrom de las cuatro, y cenan frío. Mi teoría es que son lentos porque las enfermeras somos muy desagradecidas. Ellos ahí afinando al límite el valor de la glucemia... 151... no, 153... 152,5... ¡bip! ¡152 mg/dl! Y nosotras: «Bah, pongo 149, que si anoto 152 tengo que pincharle insulina».

Lo último en glucómetros que han inventado son unas lentillas que cambian de color según el nivel de azúcar en sangre.

—Cariño, qué ojazos verdes tienes.

—Ay, coño, ¡¡el Glucosmon!!

Otro de los misterios de los glucómetros del hospital es su pila. ¿De qué está hecha?

¡Nadie jamás se la ha cambiado y siguen funcionando! ¿Por qué no fabrican la batería del iPhone con eso? Hay gente que, al ver en la pantalla «Low», ha exclamado: «¡Por fin ha muerto!» (la batería), y el paciente casi también.

Pero si todo esto os preocupa tanto como a mí, todavía queda la gran duda, la duda más «high» del glucómetro (sí, este paciente también va fino). Si hay treinta y dos pacientes, somos tres enfermeras y los dan gratis, ¿por qué sólo hay un glucómetro? Porque los demás viven en mantenimiento, en el sótano, compartiendo cielo con los manguitos de tensión.

Las jeringuillas

Cono ancho, cono fino, cono rosca, cono liso, Bic naranja escribe fino

Desde tiempos del hervido, las jeringuillas han sido el objeto fetiche por excelencia de cualquier enfermera, junto con las agujas. Formadas por un émbolo y un cuerpo tatuado con aletas, bien podrían ser Josef Ajram, estos pequeños objetos que toda buena enfermera maneja con una sola mano se han hecho un hueco en nuestro corazoncito y en el bolsillo del uniforme.

Pero, aunque pueda parecerlo, no hay dos jeringas iguales ni sirven para lo mismo. Hacer el pedido de jeringas al almacén debe de ser algo así como ir a comprar medias: ¿las quiere cristal, mate, de 50 den o de 30, con puntera reforzada o sin ella? Me imagino a mi supervisora, que muy amiga de trabajar no es, diciéndole al del almacén:

—José, mándame una caja de jeringas de 50 cc para las niñas.

—¿Cómo quieres el cono?

—El helado en vasito y para luego, ahora mándame las jeringas.

Así que, para no liarnos, os dejo con la clasificación familiar de las jeringuillas:

- Jeringas de cristal: son las abuelas de las jeringas, las jeringas indie. Se pasaban gran parte del día en una cacerola con agua hirviendo; su vida era cruel y húmeda. Rematadas por un cono de metal, aprovechaban cualquier oportunidad para acabar con su vida lanzándose al abismo, con la esperanza de que el infierno no podía ser peor. Primas hermanas de los termómetros de cristal pero con intenciones menos tóxicas.
- Jeringas de 100 cc y de 50 cc: la parte obesa de la familia. No hay jeringa más grande si obviamos las que vende el chino de mi barrio en Carnaval. Si tienen cono ancho son de buen comer, pero, ojo, siempre dejan restos que hay que medir. Si tienen cono fino, son de hacer la rosca en perfusión continua.
- Jeringas de 20 cc: las grandes olvidadas de la

familia. Sabes que existen y que están ahí, pero siempre se encuentran de viaje en cualquier parte menos en su cajetín. No se adaptan bien por su tamaño: son demasiado grandes para poner más de tres y demasiado pequeñas para juntarlas con las de 50 cc. Unas incomprendidas.

• Jeringas de 10 cc y de 5 cc: las top ventas. Te las puedes encontrar en el carrito de medicación, en el de curas, en la taquilla, en los bolsillos del uniforme, en la salita del café... Existe una mutación genética de estas dos de muy rara aparición, que les proporciona un extremo de goma en el émbolo: son las jeringas cupé, sólo para recomendados.

• Jeringas de 2 cc y de 1 cc: cachorros de jeringa para cachorros humanos.

• Jeringas con aguja: diseñadas por una persona enfadada con los contenedores pequeños de agujas, son un subtipo de jeringas que nacen del amor prohibido entre una jeringa y una aguja. Condenadas a entenderse, están diseñadas para colapsar con una capacidad asombrosa el contenedor de agujas.

• Jeringas de caja de jarabe: forman parte de un complot internacional de las enfermeras para que los niños les pierdan el miedo a las jeringuillas. Las hemos ido introduciendo en cajas de Apiretal y Dalsy para que tomen los jarabes con ellas, desplazando claramente a la cucharita de café como medidora universal de jarabe en los niños de los años ochenta. No respondemos si dentro de unos años salen en *Callejeros*.

Los apósitos

Tiritas de postureo

El apósito del tamaño adecuado no existe. Esto es así, y cuanto antes lo asumamos, antes dejaremos de desesperarnos buscándolo: «La cura de su vesícula ya está hecha, Antonio, deme un minuto que voy a cubrírsela». Empiezas entonces a buscar entre los apósitos que llevas en el carro de curas, hasta que encuentras uno que parece que puede servir. Lo acercas a la herida, pero es demasiado corto. Buscas el siguiente tamaño, haces lo mismo y... demasiado largo; éste es para una laparotomía por lo menos. Ingenua de ti, sales de la habitación hacia el control para buscar el apósito de tamaño intermedio entre el mini y el maxi. No lo hay. No busques. El tamaño intermedio no existe. Así que terminas cortando los extremos laterales de dos apósitos pequeños para unirlos y hacer uno mediano: la enfermera bricoñapa.

Pero esto no sólo sucede con los apósitos de heridas o con las tiritas, y un ejemplo claro de ello son los parches de sacro. ¿Los habéis visto bien? ¿Qué es eso? ¿Quién tiene un culo así? ¡Pero si tienen forma de corazón y son para poner en el culo! Algo no encaja, y no creo que yo sea la primera en darme cuenta de esto. Tienes a la abuela en cama, de lado y con su culo a la altura de tu cara. En la mano el apósito con forma de corazón, que no sabes si escribirle una dedicatoria de amor, o pegarlo como puedas y olvidarte del tema. Al final lo pones, le das un cortecito en la parte baja para que haga juego con la raja del culo, y ves aquello que parece una seguidora de Justin Bieber haciendo el corazón con los dedos en el culo de una abuela. Muy raro todo.

Y es que en el mundo de los apósitos no existen criterios. Los hay de algas, de hidrogel, de plata (los preferidos por los rumanos), de protección, hidrocoloides, sin coloides, de carbón activado que parece una cosa como para dar energía, absorbentes, secantes, hidroactivos, de cura húmeda, de cura seca, de cura semiseca como el cava, de segunda piel, de hidrofibra, de colagenasa (que estoy segura de que así se llamaba un helado de mi infancia), y hasta de extracto de centella asiática, que a mí eso me suena a cosa de los chinos y no me fío.

¿Por qué nos lían tanto? Si ni entre nosotras nos ponemos de acuerdo para decidir luego cuánto aguanta el parche.

—Veinticuatro horas —dice una.

—De eso nada, éstos aguantan dos días, que me lo dijo a mí el representante. —Ésta es la típica que siempre anda de congresos pero no toca un paciente.

—Nada, nada, aguantan setenta y dos horas, que son de última generación y muy caros. —Ésta es la supervisora.

Al final, llegas a la planta, te mandan hacerle la cura al encamado de la catorce porque ninguna veterana quiere ir, y como es la primera vez que lo atiendes y te pierdes entre tanto mundo de parches, le pones el mismo que tenía.

Os dejo, que dentro de diez minutos me viene el relevo y aún tengo que coger unos parches de plata por si la sanidad va a peor y tengo que empeñarlos en el «Compro Oro».

Los termómetros

Maestros en el noble oficio de medir
dentro de tu orificio

Poco se había avanzado en el mundo de las mediciones de la temperatura corporal hasta que se decidió que el mercurio de los termómetros era tóxico. ¡Cómo no iba a serlo! Todo el día de axila en axila o, peor aún, de culo en culo. El mercurio tenía que volverse tóxico a la fuerza.

Llega entonces un día en que retiran todos los termómetros de mercurio del hospital (todos menos los que te quedaste de recuerdo) y los sustituyen por termómetros electrónicos... ¡¡La modernidad llega al mundo de las auxiliares de enfermería!! Yo estuve perfeccionando, durante meses, la técnica de sacudido del termómetro para bajar el mercurio cuando estudiaba enfermería: sacudidas firmes y secas, de tres a cinco, vigilando no golpear la mesa ni la cabeza del paciente con el termómetro. Todo para que ahora los retiren. Eso por no hablar de la técnica de lectura de la temperatura: poner el termómetro hacia la luz y girarlo entre los dedos hasta que conseguías ver la barrita plateada. Todo un arte.

Para evitarse todo esto, las madres del mundo entero han desarrollado una técnica milenaria para saber al instante si sus hijos tienen fiebre, con una fiabilidad del cien por cien: la imposición de mano. Con sólo poner su mano en la frente del vástago, son capaces de saber si hay que visitar al pediatra o no. Algunas expertas con varios hijos en su haber hasta pueden aproximar las décimas.

—Buenas tardes, señor pediatra. Mi hijo tiene fiebre, 38,4 °C.

—¿Cuándo le ha puesto el termómetro?

—Se lo tengo puesto en este momento.

Expertos de todo el mundo han tratado de desvelar el secreto con estudios a doble ciego y ciego simple para fabricar una mano medidora, pero no lo han conseguido. (Por cierto, ¿sabéis qué es un estudio a ciego simple? Un traumatólogo viendo un electro. ¿Y a doble ciego? Cuando despierta a su adjunto.)

Lo más parecido a la mano medidora que han logrado fabricar es una pistola láser que mide la temperatura corporal. ¿Y dónde la mide? En la frente, claro. Que cuando llegas al triaje de urgencias y la enfermera te apunta con eso en la frente, no sabes si te va a dar el tiro de gracia o las gracias por esperar tu turno sin protestar.

Las pastillas

Si lees el prospecto, no tomas el comprimido

Viniendo para aquí, me he encontrado con mi abuelo y otros dos jubilados en la puerta de una farmacia intercambiando recetas, y me ha dado por pensar en las pastillas.

Sin duda, uno de los grandes temas musicales dedicado a las pastillas es aquel de Paco Pil, allá por los noventa: «Cuatro ruedas tiene mi coche, cuatro pastillas me tomo esta noche. A mí me gustan las pastillas rojas, verdes y amarillas». Y cuya versión más reciente es el «Pim, pam, toma Lacasitos». Y es que las chuches las tenemos de todos los colores y tamaños posibles.

A mí a quien me gustaría conocer alguna vez en la vida es a la persona que elige el color de las pastillas. Yo me lo imagino en un despacho, con un café para llevar sobre la mesa, y una carta de colores como esa que te dan cuando quieres pintar en casa, que en vez de aclararte las ideas te lía todavía más, porque descubres colores que no sabías ni que existían.

—A ésta le voy a poner color carne porque es para adelgazar. A esa otra, color negro porque es para la depresión. Uy, que ésta es para la erección..., pues le pongo el azul para que nazca niño. ¿Y a las anticonceptivas? Color rosa, que sea niña.

Porque prefiero conocer al que elige los colores que al que elige los tamaños. El que elige los tamaños de las pastillas no es buena persona, os lo juro por Florence Nightingale.

Alguien que decide que una pastilla para el infarto sea del tamaño de un grano de arroz tiene muy mala leche. Que ya me imagino al pobre abuelo, con sus dedos gordos, sudando y con dolor en el pecho, intentando coger esa pastillita para ponerla debajo de la lengua... Eso es de muy mala persona.

¿Y qué me decís de las pastillas de Rifampicina? ¡Hay galletas más pequeñas que esas pastillas! Y encima, por si fuera poco, te tienes que tomar dos, ¡y una hora antes de desayunar! Que la tuberculosis se curará, pero la gastritis no te la quita nadie.

Son misterios de los laboratorios, caprichos del destino. Como, por ejemplo, ¿por qué todas las píldoras anticonceptivas tienen nombre de travesti? Mirelle, Yasmin, Meliane, Yaz, Isis, Anubis... ¡Que hay que pedirlas en la farmacia a viva voz! Un poco de consideración con nosotras, por favor.

Eso por no hablar de los prospectos, que el tema da para un día entero. La finalidad del prospecto es que no lo leas. Si lo lees, no tomas la pastilla. Así que las empresas farmacéuticas han optado por hacerlos con letra pequeña y casi tan largos como las etiquetas de la ropa de Zara. Hay escrituras de pisos más breves que algunos prospectos. Por cierto, ¿os habéis fijado en que cuando salen en la tele imágenes de laboratorios siempre hay un chino trabajando ahí dentro? Pues yo sé en qué consiste su trabajo: doblar los prospectos de los medicamentos. Eso sí es papiroflexia.

Pero hay una duda que me persigue desde mi más tierna infancia respecto a las pastillas de partir, esas que vienen con una rajita que es como el abrefácil del zumo: sabes que se partirá por cualquier sitio menos por ahí. Cuando las partes... ¿cómo sabes que en esa mitad va justo la mitad del fármaco? Porque en todo este redondel de pastilla hay 500 mg, pero ¿quién me asegura que si la parto por el medio me tomo justo 250 mg? Y más teniendo en cuenta que es un genérico fabricado en un laboratorio de la India, que eso siempre tranquiliza.

Pues eso, que os dejo con la duda. Me voy a vigilar a mi abuelo, a ver qué ha negociado con los amigos, pero antes me tomaré algo para la cabeza, que ayer salí y ya se sabe: noches de desenfreno, mañanas de ibuprofeno.

Nota a la nueva edición

Hace unos años tuve el placer de acudir a una conferencia del siempre genial Emilio Duró, un hombre que sería capaz de levantar el ánimo a un muerto. De todo lo que se dijo aquella tarde, hay una frase de Óscar Wilde que todavía resuena en mi cabeza como si de la alarma de una bomba de perfusión se tratara: «Ten cuidado con lo que deseas porque se puede convertir en realidad». Algo así es lo que me ha sucedido con este libro.

Tras lanzarme en solitario a la aventura de la autopublicación en diciembre de 2013, después de haberme hecho un hueco en las estanterías de más de ocho mil enfermeras españolas y ver la obra traducida al portugués, llego a las librerías con esta edición de la mano de Plaza & Janés. El libro se hace mayor y os juro que yo estoy tan feliz que si estornudo me sale confeti.

Feliz y agradecida por igual. A todos y cada uno de mis seguidores en las redes sociales, porque son fantásticos y me siguen soportando años después. A todos los amigos que, de una manera u otra, me han animado a sacar este proyecto adelante y a creer en él: Señorita Puri @SenoritaPuri, Aleix Saló @AleixSalo y Alfonso Alcántara @yoriento (aunque él no lo sepa). A mi familia, por todo y más. A ti, por tus infinitos. A Plaza & Janés y a mi editora, Emilia Lope, por darme lo que buscaba. Y sobre todo, cómo no, a todos y cada uno de los que os habéis reído con mis historias.

A ti, futuro lector, sólo me queda decirte que espero y deseo que disfrutes con este libro tanto como lo hice yo al escribirlo y como lo han hecho ya miles de enfermeras en España y Portugal. Quiero compartir contigo mi día a día en el hospital, todo para que te rías, para que vayas por la vida con una gran sonrisa y que a partir de ahora veas con otros ojos los apósitos, los glucómetros y los botiquines.

Porque la enfermería, estoy segura de ello, es una de las profesiones más bellas que existen pero también puede ser una de las más duras, y el humor es fundamental para sobrevivir. Te invito a entrar en mi mundo, el mundo de Enfermera Saturada.

Besos y abrazos a repartir,

SATU
Septiembre de 2014